PROPAGANDE RÉPUBLICAINE

LES
CONSEILS
D'ÉLECTIONS

Par A. FOUSSIER

PARIS

DÉCEMBRE-ALONNIER
ÉDITEUR
20, rue Suger, 20.

ANDRÉ SAGNIER
ÉDITEUR
7, carrefour de l'Odéon.

1872

PRIX : 20 CENTIMES

AVIS

La **Bibliothèque de propagande Républicaine** a surtout pour but de faire connaître à ses lecteurs les principales questions qui intéressent les Républicains : à ce titre, nous faisons appel au concours dévoué de tous les démocrates sérieux. Nous céderons les exemplaires de cet ouvrage aux prix suivants :

Par **100** ex. pris ensemble. **15** fr.
Par **500** ex. — **12** fr. le cent.
Par **1000** ex. — **10** fr. le cent.

On peut assortir les divers Ouvrages de la Bibliothèque

(V. à la quatrième page de la couverture les Ouvrages parus)

Montargis. Imp. Grimont.

LES CONSEILS D'ÉLECTIONS

PROPAGANDE RÉPUBLICAINE

LES
CONSEILS
D'ÉLECTIONS

Par A. FOUSSIER

PARIS

DÉCEMBRE-ALONNIER | ANDRÉ SAGNIER
ÉDITEUR | ÉDITEUR
20, rue Suger, 20. | 7, carrefour de l'Odéon.

1872

LES

CONSEILS D'ÉLECTIONS

La République peut-elle devenir en France un gouvernement stable ?

Oui, sans hésiter :

Dans notre beau et riche pays la division des fortunes a créé l'aisance pour un plus grand nombre; où le travailleur persévérant voit presque toujours son labeur récompensé; et peut en bornant ses désirs, jouir dans l'âge mûr d'un repos noblement acquis; la plaie, la plus grande, la plus profonde, celle qui met parfois la société en péril et nous fait traverser dans les larmes, des jours de honte et de désespoir ; — c'est l'ambition, — cette ambition insatiable toujours inassouvie, qui pousse à la violation des lois, à l'insurrection, au crime.

Il semble que la France qui possède le sol le plus fécond de l'Europe, qui par l'intelligence de ses enfants, tenait et tiendra encore le premier rang dans le monde civilisé ; possède aussi, dans une sorte d'exhubérance maladive une espèce d'affection morale, qui se traduit chez ceux des siens qui en sont affectés par des désirs irréglés de jouissance et de pouvoir.

C'est, comme une exaltation de soi-même, qui fait perdre à celui qui en est atteint, le sentiment du juste et de la proportion des choses et des faits !

Parce qu'on est doué naturellement de facilité et d'intelligence, on se croit apte à tout, dispensé de suivre la route commune qui est le travail ; on entrevoit des horizons plus larges et l'on veut y atteindre d'un bond, sans mesurer la distance :

C'est ce qui fait, qu'une masse de gens inaptes à diriger leurs propres affaires, se croient appelés à diriger celles des autres ; et demandent à la vie politique, une satisfaction de vanité et d'intérêt qu'ils n'ont pu obtenir dans la vie sociale.

Les semblables ont des affinités ; ces déclassés auxquels se joignent bientôt les intrigants ne tardent pas à former une coterie, un parti politique ; dans lequel ils apportent les mêmes défauts, les mêmes vices ; que ceux qui les ont empêchés de réussir dans le monde des travailleurs où l'on sait équilibrer ses forces et borner son ambition à la mesure de ses moyens.

Au nom du progrès ils surenchérissent sur le progrès ; et ne voyant que le but, (lorsqu'ils le voient) sans s'inquiéter s'il existe une route cheminable pour y atteindre, ils compromettent la sécurité de leurs concitoyens, et l'avenir du pays; quand ce n'est pas, son existence même !!...

Une singularité de cette maladie c'est qu'elle frappe indistinctement toutes les classes de la société qu'elle se produit aussi bien chez le riche que chez le pauvre ;

C'est une véritable maladie nationale;

C'est là le plus grand danger, que la république ait à craindre.

Modérer les ambitions, les rendre utiles à tous écarter du chemin et dirigeant, les incapables, les prétentions malsaines est œuvre patriotique et républicaine, cherchons en les moyens !

Aujourd'hui, les partis en France, ne sont point redoutables ; les principes de la révolution de 1789, qui ont formulé les droits de l'homme et ont créé le citoyen, ont fait justice de la légitimité et du droit divin. Nul aujourd'hui ne saurait consentir à devenir sujet après avoir été citoyen. L'Empire est tombé sous le mépris public ; la bande d'intrigans qui a présidé à sa fondation est dispersée ; les uns sont morts, les autres sont à l'étranger, le peu qui en reste est connu. Personne ne sera tenté de plébisciter pour ramener un régime qui a faussé nos institutions, perverti le sens public et fait tomber les mœurs dans une décadence telle, qu'il faudra de grands efforts pour rétablir son intégrité, le sentiment du juste et du moral en France.

L'Empire en tombant, a même entraîné la monarchie avec lui ;

Après l'importance de nos désastres, il ne saurait y avoir de cour ni de liste civile ; la royauté ne vit que par le luxe, l'apparat, la somptuosité ; et en ce moment il faut à la France de la simplicité, du travail, et de l'économie.

En outre, une monarchie est héréditaire, et le peuple français qui devient de plus en plus républicain, n'acceptera jamais dorénavant la souveraineté par héritage, parce que cette souveraineté tendrait à lui faire perdre son droit de citoyen pour le réduire de nouveau, à celui de sujet.

Légitimité, Empire, Monarchie sont impossibles, car du moment que la France accepterait un souverain, il y aurait luttes compé-

tions, troubles de la part des autres partis ;
c'est tout un horizon d'émeutes et de révolution.

La République, elle, supprime les partis, les
compétitions ; c'est le gouvernement qui nous
divise le moins.

Ce gouvernement s'implantera définitive-
ment en France par les soins du président
actuel de la République, monsieur Thiers le
seul homme politique, qui puisse· par sa longue expérience des hommes et des choses,
mener à bien, l'éducation politique des Français et préparer le terrain où se développe-
ront nos institutions républicaines en arra-
chant au fur et à mesure les plantes parasites
qui pourraient en gêner la croissance...

Qu'est-ce que la République ?

La République, c'est le gouvernement de la
nation par la nation elle-même ; présidant
à ses propres destinées ; en confiant à ses élus
le soin de la diriger d'après mandat offert et
accepté de part et d'autre.

L'exercice de ce mandat, cette représentation de la nation par la nation a lieu au suffrage et ce suffrage est devenu universel par
suite de l'introduction du principe de l'univer-
salité que la révolution de 1848 a fait adopter
à cette époque.

Le suffrage universel est direct, il procède
de la masse des électeurs à un mandataire
déterminé. Il est élevé, à la constitution de
principe fondamental de toute République, de
tout gouvernement de la nation par la nation ;

mais pour que cet acte important de citoyenneté soit accompli dans des conditions qui
ne laissent que peu de prises au hasard, pour
qu'il soit effectif en un mot ; il faut que, les
citoyens sachent pertinemment ce qu'ils ont
à faire, qu'ils soient pénétrés de l'importance
que leur vote a pour les destinées du pays ;
et qu'ils ne confient point sa direction à des
mal habiles, des imprudents, ou des indi-
gnes.

Pour cela que faut-il faire ? et c'est au moment de l'accomplissement de cet acte si important, que je crains, les intrigans qui n'ont
point de foi politique, et les phraseurs creux
et sonores, gens déclassés ; qui au moyen de
mots à effet se font attribuer des vertus et
qualités qu'ils ne possèdent point.

En France, où règne la parole, l'orateur a
beaucoup de puissance sur les masses non
instruites et mal éclairées.

Dans les villes, les phraseurs excellent, ils
trouvent pour auditoire beaucoup de leur pa-
reils fruits secs de la campagne, gens verbeux
par excellence qui viennent au milieu d'un
plus grand nombre d'habitants cacher des
vices ou des défauts qui les feraient montrer
au doigt dans leur pays natal ; — on ne leur
demande ni ce qu'ils sont, ni d'où ils viennent ; on se contente de les entendre, et ils
sont ou ne sont pas élus suivant le courant
qui s'établit sur leur compte.

* * *

Dans les campagnes en face du paysan amoureux de la terre qu'il cultive avec soin et d'où il tire sa subsistance ; devant ce paysan conservateur par intuition, par nécessité, les intrigants exploitent son bien-être, ses besoins ; tel candidat promet que s'il est nommé la commune aura un pont pour faciliter ses transactions avec la commune voisine dont elle est séparée par un cours d'eau ; tel autre promet une route pour se rendre au chef-lieu de canton ou bien l'établissement d'une station de chemin fer, la création d'un marché. D'autres, dans des communes déjà favorisées achètent les suffrages par le don d'une pompe à incendie, d'instruments de musique, par des cadeaux offerts aux propriétaires influents ; et moi-même, j'ai été témoin de tournées électorales faites la bourse à la main en donnant des gratifications à des employés de cantonnage à des surveillants de ceci de cela, pour qu'ils usent de leur influence pour faire voter dans tel ou tel sens ; j'ai même entendu des curés prêcher en chaire en faveur d'un candidat désigné par leur évêque ou leur supérieur.

D'un autre côté, je ne parle pas d'aprésent, le gouvernement avait des préférés hautement affichés dont les préfets soutenaient la candidature par tous les moyens possibles, dépensant à cet égard des sommes fort rondes au détriment des communes et du département.

Que d'abus, que de scandales !

Ce n'est pas là ce qui pouvait faire l'éducation politique des électeurs ; au contraire, c'était mettre la vénalité à l'ordre du jour, et abaisser ce qui pouvait y avoir de noble et de digne dans le cœur de l'homme.

Aussi à l'heure de la débâcle, quelle France dégénérée ! Quel spectacle !

Il est de ces plaies humiliantes et connues qu'il n'est pas besoin d'approfondir ; la désignation en suffit.

*
* *

Qu'y-a-t-il donc à faire ? Là est la question.

Evidemment le suffrage universel a besoin de modification, car il n'est encore qu'une mauvaise arme entre les mains d'un enfant ; et cependant cet arme fait reculer les audacieux. Le suffrage, c'est le principe fondamental de l'existence d'une nation républicaine.

Ce principe, l'empereur l'a déjà faussé plusieurs fois surtout au moment du plébiscite, cet immense leurre auquel les campagnes travaillées par les intéressés se sont laissées prendre.

*
* *

On a beaucoup parlé du suffrage à deux degrés comme le seul moyen d'arriver à la vérité.

Ce n'est pas un remède et je combats ce genre de suffrages pour plusieurs causes.

1° Parce qu'il met en danger le suffrage en lui-même ; et qu'il est un attentat au droit de citoyen à qui on semble retirer le droit de capacité ;

2° Parce que, réduit au second dégré, les électeurs beaucoup moins nombreux sont plus influençables, que la corruption peut s'en mêler, et qu'il peut se trouver un prétendant assez riche pour acheter les consciences, soit à prix d'or, soit au prix de promesses de fonctions, de places ou d'emplois ; toutes manœuvres illégales qui doivent être punies par les lois ; et je voudrais voir inscrits dans notre code politique, ces quelques mots :

« Tout électeur convaincu d'avoir vendu
« son vote, sous quelque forme qu'en soit
« la rénumération ; sera privé de ses droits
« civils pour dix ans et passible d'un empri-
« sonnement d'un mois à deux ans. »

3° Parce que si le suffrage à deux dégrés était adopté la masse des citoyens, des campagnards, s'intéresserait fort peu de la direction du pays; perdrait bientôt toute notion de ses droits, considérant comme lettre morte, les affaires publiques et cela en se fiant aux électeurs désignés par la loi du suffrage a deux dégrés pour la nomination des représentants à l'Assemblée.

Le suffrage universel *direct* est donc indispensable en droit; et de plus en ce qu'il donne de la dignité au citoyen qui vote, qui sent qu'il peut quelque chose pour sa faible part dans les intérêts généraux du pays.

Mais le suffrage universel direct, nous l'avons vu tout à l'heure, il est des moyens de le fausser de l'atténuer; et cette masse de citoyens devant laquelle se presentent des candidats plus ou moins connus peut faire erreur; elle peut nommer des gens qui représentent le contraire de sa pensée; bien qu'ayant fait avant d'être nommés toutes les promesses qu'on leur a demandé de faire.

Au moment des élections, chaque parti met en évidence ses candidats, des comités électoraux se forment, on prône les services de celui-ci, l'aptitude de celui-là c'est une lutte ardente à coup d'affiches, de réclames, de brochures. Chaque comité cache avec soin le côté défavorable de son protégé, et souvent d'où vient ce protégé; d'une coterie politique qui écarte quelque fois pour satisfaire ses rancunes où ses ambitions, tel candidat qui vaudrait beaucoup mieux dans l'intérêt du pays. D'ou vient qu'aux élections de 1871, de grands industriels tel que Menier, d'anciens notables commerçants comme Bouruel-Aubertot n'ont pu parvenir à être nommés. Croit-on que les paysans qui ont envoyé à la chambre des gens à trois quartiers de noblesse aient voté pour leurs intérêts.

D'où vient que les honnêtes travailleurs, de profession libérale, industrielle, commerçante; que les anciens serviteurs du pays, dans l'armée, la magistrature, qui, arrivés à l'âge du repos, veulent mettre au service de la nation, l'expérience qu'ils ont acquise, ne peuvent arriver à être élus, s'ils ne passent sous les fourches caudines d'un comité quelconque qui a ses intérêts à ce que telle ou telle de ses créatures réussisse; le plus souvent par suite d'engagements contractés virtuellement ou effectivement. Et cependant, ce sont ces anciens magistrats, ces anciens généraux, ces anciens industriels ou commerçants, qui sont les plus aptes à faire des députés, à discuter les intérêts de la nation : — En eux, il y a présomption de confiance puisque, tous parvenus par le mérite et le travail ; il ont fait preuve de capacités personnelles.

*
**

Les comités électoraux qui pourraient ren-

dre tant de services, s'ils étaient impartiaux ;
n'en rendent aucun en définitif, car c'est toujours la coterie qui fait la loi ; et ce sont quelques citoyens qui, dans leur intérêt particulier faussent le principe commun ; le suffrage universel.

Pour remédier à toutes ces entraves, obvier à ces inconvénients, ces fausses interprétations ; pour mettre du premier coup le suffrage universel en possession de lui-même ; je propose : la création de Conseils d'élections.

. . . .

Et avant d'aborder la solution que je propose, je m'interroge tout d'abord, et je me demande si la composition de l'Assemblée nationale est ce qu'elle doit être et je me réponds non !

Pour qu'une Assemblée représente fidèlement la France ; pour qu'elle soit l'image exacte du pays, il faut que les éléments constitutifs de la nation soient représentés dans la proportion et pour la part qu'ils occupent dans la richesse nationale.

Autrefois en 1789, nous avions une représentation assez exacte des éléments constitutifs du pays à cette époque : il y avait la noblesse, le clergé, et le tiers-état Aujourd'hui qu'avons-nous ? une masse de députés qui représentent bien une opinion politique, mais qui ne représentent pas la France, telle que l'industrie moderne, les découvertes scientifiques, les besoins commerciaux nouveaux l'ont faite.

Il faudrait selon moi, dresser par départements, une statistique exacte de ses produits ; que les électeurs puissent être représentés par les véritables défenseurs de leur industrie, de leur intérêts.

L'agriculture, le commerce, l'industrie ; devraient proportionnellement figurer au corps Législatif, l'armée, la magistrature, les clergés également ; de telle sorte que la Chambre soit l'image fidèle du pays. — Les discussions y gagneraient en clarté, en précision ; elles seraient moins longues et l'on aurait au moins affaire aux véritables intéressés dans les questions ; tandis qu'à l'heure qu'il est, les professions dites libérales, principalement celles d'avocats semblent impliquer toute espèce d'aptitudes; et tenir lieu de savoir commercial, industriel, etc, etc, etc ; toutes choses qui exigent pour en avoir l'expérience, la pratique pendant de longues années.

Un avocat peut-il raisonner métier ? En supposant qu'il puisse dans les questions ayant trait à la magistrature, être à la hauteur de sa mission ; peut-il raisonner organisation d'armée, services postaux, maritimes, créations de lignes de chemin de fer, douanes, impôt, protection ou libre échange ? Peut-il connaître des grèves, des difficultés entre patrons et ouvriers ? Est-il universel ? Non! à chacun selon son métier.....

**

Voilà pourquoi, je demande une composition de l'Assemblée en harmonie avec la constitution morale, politique, guerrière, administrative, agricole, industrielle, commerçante, ouvrière du pays. Que tous les intérêts y soient représentés pour qu'on puisse y discuter utilement de tous les intérêts.

C'est ainsi que selon moi, doit se composer une Assemblée vraiment républibaine ; c'est-à-dire l'Assemblée d'un pays qui se gouverne lui-même.

Ceci posé :

Quest-ce que les Conseils d'élections, et quel rôle sont ils appelés à remplir dans l'accomplissement de ce grand acte de citoyenneté, le suffrage universel !

Les *Conseils d'élections* sont la garantie de la sincérité des votes, ce sont les élucidateurs de la conscience des électeurs, ce sont les promoteurs du suffrage lui-même. C'est a eux qu'on devra avant tout de former des citoyens dans la République, en habituant les indifférents au système du suffrage. Ce sont eux, qui par la force des choses, mettront tous les électeurs à même d'accomplir leurs devoirs ; en leur donnant la notion exacte de leurs droits. Et nul danger, lorsque les *Conseils d'élection* seront institués dans toute la France dans tous les arrondissements, qu'il y ait surprise ; et que les électeurs puissent être trompés par des promesses fallacieuses, par des assertions mensongéres : nul danger, que les déclassés et les intrigans surprennent encore la bonne foi des électeurs.

Leur mission sera d'examiner et de rendre aux électeurs, compte de la qualité des suffragans. C'est à enx, qu'il appartiendra de vérifier sur pièces les titres du postulant à l'élection ; c'est à eux qu'il appartiendra également de l'interroger par avance sur les connaissances qu'il devra posséder suivant qu'il se présentera pour représenter l'industrie, la culture, le commerce, etc.

C'est à eux également qu'incomberont le soin de se renseigner sur sa moralité, sur les services qu'il aura précédemment pu rendre au pays. En un mot, les *Conseils d'élections*, sont les examinateurs des candidatures ; ce sont eux qui prépareront les voies à l'élection générale et qui introduiront dans les mœurs de nos campagnards les plus indifférents, le sentiment du devoir de citoyen.

Ce seront j'ose m'exprimer ainsi : *des professeurs de suffrages.*

*   *   *

LES CONSEILS D'ÉLECTION devront être nommés au suffrage lui-même, deux mois avant les élections générales. — Tous les citoyens dans la commune devront prendre part au au vote, qui aura lieu dans la commune même, sous peine d'une amende déterminée.

(Et qu'ici on ne m'accuse point de violer la liberté de l'électeur ; car si je respecte son droit d'abstention au vote général, dans cette circonstance où il ne s'agit que de préparer l'élection, il ne peut qu'être coupable d'indifférence ou de mauvaise volonté, et alors il est punissable tout aussi bien que s'il enfeignait un réglement de police ou d'administration).

*\
* *

Il sera nommé par les électeurs de la commune, trois membres de conseil ; ces trois membres se réuniront aux membres de conseil nommés par les autres communes du même arrondissement et formeront ainsi, le conseil d'élection de l'arrondissement.

Le président les assesseurs et le secrétaire seront nommés à l'élection par les membres et parmi les membres du conseil ; ils devront immédiatement après la formation de leur bureau entendre les candidats et leur demander de fournir des preuves à l'appui de leur profession de foi.

*\
* *

Les séances des conseils d'élection auront lieu au chef-lieu d'arrondissement, elles seront publiques, et seront tenues dans un local autorisé à cet effet.

*
* *

Outre des séances au chef-lieu d'arrondissement, six séances devront avoir lieu dans six communes de l'arrondissement ; la désignation de ces communes dépendra d'un tirage au sort

*
* *

Huit jours au moins, avant de procéder aux élections générales, les membres du conseil nommés par chaque commune devront dans une réunion publique ; communiquer aux électeurs de leur commune, le résultat de leur travail d'élaboration.

Ils devront le faire, avec tous les ménagements possibles ; sans faire préjuger de leurs préférences particulières. Pour donner à ce compte rendu l'importance qui lui convient ; le maire et le conseil municipal devront être présents.

***

Les conseils d'élection seront dissous de droit après ce compte rendu ; ils ne pourront se réunir que si, après un ballotage, un nouveau candidat venait à surgir.

***

Les conseils d'élection ne seront nommés que pour l'élection qui leur aura été désignée ; toutefois les membres qui en auront fait partie, auront le droit de se représenter au suffrage communal, si le pays était de nouveau convoqué dans ses comices.

***

Voilà, dans leur substance, les conseils d'élections, avec le développement qu'ils comportent.

Ainsi qu'il est facile de le voir, le suffrage

devient plus sérieux ; par suite de l'étude préparatoire et raisonnée des candidats. — Il n'y aura désormais plus à craindre les surprises de ces gens, qui ne pouvant vivre de rien, veulent vivre de la politique ; il y aura moins à craindre de la passion des partis.

Ce sera la France, elle-même, qui parlera à la France ; ce ne seront plus les comités électoraux, pleins de fièvre et de passion, proposant souvent un candidat incapable, sans valeur personnelle, parce qu'il est poussé par la coterie ou parce qu'il voudront faire pièce au candidat opposé. Adieu alors aux achats de vote, aux rastels, aux dons en nature, aux cadeaux faits aux communes, aux promesses de ponts ou de gares de chemins de fer.

Adieu à la carte forcée du plébiscite impérial, les paysans, les campagnards auront été instruits, et ce qui vaut le mieux dans tout le projet, c'est que c'est eux-mêmes qui se seront instruits ; parce que en contact chaque jour avec ceux qu'ils auront chargé de les éclairer et de leur indiquer la voie à suivre ; c'est qu'appelés peut-être eux-mêmes à indiquer cette voie à leurs compatriotes, solidaires les uns des autres, connus les uns des autres, puisqu'ils habitent tous la même commune, la corruption n'aura pas de prise et la sincérité du vote sera acquise désormais.

Mais, est-ce à dire, que les électeurs ne

devront voter que pour les candidats préférés par les conseils d'élection.

Non ! puisque les conseils doivent se borner à faire part de leurs études sur les candidats, à quelqu'opinion qu'ils appartiennent. Non ! puisque le même conseil peut avoir à scruter sur deux ou trois candidats de nuances différentes. Non ! puisqu'encore et pardessus tout la liberté de l'électeur doit-être respectée, et qu'il est libre au moment du vote, d'exprimer son suffrage comme il lui convient.

Non ! puisqu'enfin, le suffrage universel est direct et procède immédiatement de l'électeur à l'élu. — C'est là un principe fondamental qu'il ne faut jamais resteindre et qu'il faut respecter en toute circonstances.

*
* *

Les *Conseils d'élection* sont donc le droit primordial de l'électeur réservé ; la lumière portée vive au milieu de l'expression des suffrages, en même temps que la barrière opposée aux manœuvres électorales de quelles parts qu'elles se produisent. — Ils feront date dans l'histoire de notre affranchissement politique, et ils auront pour le pays cet immense résultat ; c'est que, placés sous la protection de l'autorité ils initieront les masses encore peu éclairées; au sentiment de respect pour les institutions républicaines, au sentiment de la puissances de LA LOI; sentiment peu éprouvé par la majorité des campagnards qui sont encore sous l'influence du titre et de la possession; et il est bon, il est utile, il est nécessaire, il est indispensable même, de faire au-dessus de tous, quelque soit l'âge, le rang, la position, la fortune, rayonner comme la ivinité républicaine LA LOI ! la loi protectrice et vengeresse qui, faite au nom du pays par le pays, est le lien commun général et le symbole le plus frappant de l'égalité parmi les citoyens.

On peut donc être sans crainte sur l'acclimatation de la République. La LOI comprise et respectée sera l'égide de tous les citoyens. Il s'agit de l'élever à la hauteur d'un principe dans l'esprit de tous, et les *Conseils d'élection* sont un des moyens les plus pratiques à cet égard. Si et je reviendrai sur ce chapitre dans les écoles ! ou enseignait aux enfants ce que c'est que la loi ; ce serait le complément théorique de l'instruction politique et républicaine popularisée : et nous n'aurions plus à craindre après des partis, les intrigans, les fruits secs, les déclassés, qui absorbent, la sève de la nation et la compromettent par leur insuffisance et leur inaptitude en même temps que par leur excès. . . . .

. . . .

. . . .

La partie qu'on vient de lire a été présentée au mois de mai 1872, sous forme de mémoire, à M. J. Grévy, président de l'Assemblé nationale, qui a dû le renvoyer à une commission compétente.

Quoiqu'il arrive, il est bon d'être sur ses gardes, un bon averti en vaut d'eux et le plus clair résultat de cette proposition des *Conseils d'élection*, en attendant qu'il ait été statué à son égard dans le sein de l'Assemblée nationale, c'est que elle aura donné l'éveil, et que les républcains dans les campagnes voudront en faire l'essai.

Qu'est-ce qui peut en effet empêcher dans une commune, les citoyens de se réunir et de désigner quelques uns d'entre eux pour examiner les titres des postulants à l'élection.

On a trop souvent été trompé et combien de fois n'est-il pas arrivé qu'on a voté pour tel ou tel sans trop savoir qui il était — et le plus souvent d'où il venait.

Combien de gens en entendant le langage du député pour qui ils ont voté — alors qu'il parle à la tribune, se sont dit : — mais je suis trompé, ce n'est pas ponr dire cela que je l'avais nommé.

Les conseils d'élection coupent court à tout cela — ei si parfois, la proposition n'était pas acceptée par l'Assemblée, ce ne pourrait être que par ce motif, que le suffrage devant rester libre, on ne saurait le placer sous la protection de l'autorité.

Ce motif, je viens de l'évoquer dans l'intérêt de ma proposition, car il est très-facile de le combattre par un simple rapprochement. Combien n'y a-til pas de sociétés de crédit, d'établissements financiers, de service publics sous la protection de l'État.

Et lorsqu'il s'agit du salut de la République, lorsqu'il s'agit de l'établissement d'une institution fondamentale qui doit assurer la vérité dans l'acte le plus important de la vie du citoyen, un état républicain n'interviendrait pas pour faciliter l'accomplissement de cet acte, pour non pas indiquer le chemin, mais éclairer la route. Le doute n'est pas possible.

Et d'ailleurs, l'État intervient-il, donne-t-il des conseils, exerce-t-il une pression sur l'élection ? Non, cent fois non !

Dans mon projet, l'autorité n'intervient que pour donner à l'accomplissement de cet acte important, — le suffrage, la sanction de la loi, — absolument comme lorsqu'on se marie, le Maire sanctionne le mariage et n'est pour rien dans le contrat. Ce n'est pas le Maire qui a fait le mariage, ce n'est pas lui qui a rapproché les deux contractants et a fait qu'ils se sont choisis pour époux, — il le constate et en donne acte au nom de la loi, — voilà tout.

De même dans mon projet, tout se passe au grand jour, et si je demande la présence de l'autorité à l'élection des conseils d'éleclection, et au compte-rendu du travail de ces conseils, c'est que j'attache une telle importance au fonctionnement de cette institution essentiellement Républicaine, que je désire la faire sanctionner par les autorités, surtout par des autorités Républicaines, absolument comme tous les actes de la vie civile du citoyen.

Sera-ce le gouvernement qui fera les élections, qui proposera les candidats ? Non, n'est-ce pas ? Sera ce le gouvernement qui dira à l'électeur, vous allez voter pour un tel ? pas davantage. Non, le gouvernement par sa présence, sanctionnera tout simplement l'acte qui vient de s'accomplir.

Et, par le fait de cette sanction, lui donnera un cachet de vérité et de force, qui ne peut qu'être utile et favorable au développement et à l'établissement définitif des conseils d'élections.

Qu'il qu'il en soit — que l'autorité sanctionne ou ne sanctionne pas — l'établissement des conseils d'élections est nécessaire.

Il faut absolument, et tous les vrais Républicains me comprendront, que la vérité se fasse jour, et que chacun connaisse de ses véritables intérêts.

Il faut absolument, pour que la République s'acclimate et grandisse, qu'il y ait des Républicains. Ces Républicains, il faut les faire. combien en est-il qui s'ignorent encore ? Combien en est-il qui, doués d'un cœur ardent et généreux, craignent la République, parce qu'ils ne la connaissent point, ou parce que des intéressés à la perdre, leur en ont fait une image fausse a dessein. Ceux-là, il ne faut que leur ouvrir les yeux, leur dire, *voyez ;* pour les faire venir à nous, leurs cœurs généreux nous comprendront, et ce seront peut-être les meilleurs.

Et quel meilleur moyen pour voir et pour connaître que les conseils d'élections! qui seront les véritables initiateurs à la vie politique, et qui feront plus de citoyens, plus de Républicains à la République que toute espèce de propagande *possible.*

En effet, imaginez dans la commune, avant chaque élection de représentant à l'Assemblée, l'élection de trois ou quatre scrutateurs chargés de veiller sur les intérêts politiques de la commune, et qui, réunis aux autres délégués des communes de l'arrondissement, examineront sans parti pris, les candidats qui se présenteront.

Ces trois ou quatre scrutateurs s'initieront d'abord, et pour remplir le mandat qu'on leur a confié seront bien obligés de s'enquérir, de prendre des informations, d'étudier même.

Rien que cela est déjà un résultat, car voilà trois ou quatre citoyens qui ont été forcés d'étudier, par conséquent d'apprendre Aux élections suivantes, ils seront remplacés par trois ou quatre autres citoyens qui feront de même et communiqueront ce qu'ils ont appris

aux habitants de leur commune. Insensible-
ment, toute la commune sera éclairée, de
même les autres communes, et lorsque tout
le monde aura conscience de ses actes, et
sera initié à la vie politique, que pourra faire
la fraude, la corruption, — rien ! — rien !

Quel est celui des habitants d'une commune qui, honoré des suffrages de ses concitoyens, et chargé par eux de défendre leurs
intérêts et d'élaborer une élection, voudra ou
même osera se livrer à des manœuvres dé-
loyales ou coupables, aucun, n'est-ce pas?
Car intimement connu, comme on l'est dans
un bourg, un village, une petite ville, il n'o-
serait risquer sa considération, compromettre
son avenir et sa dignité. Bientôt connu, il
serait obligé de quitter le pays pour se sous-
traire à la vindicte publique.

A l'œuvre donc, républicains. Instruisez-
vous. Instruisez les autres et formez-nous,
par les conseils d'élections, des citoyens qui
seront de véritables républicains à leur tour,
et soutiendront haut et ferme le gouvernement de la nation par la nation.

Faites pénétrer dans les masses le sentiment du respect de LA LOI, de la loi qui, égale
pour tous, est votre égide naturelle, et vous
protège dans le cours de votre vie de citoyen.

Habituez-vous à vous considérer comme un
citoyen, c'est-à dire comme une partie de la
France. Pensez bien que dans la balance,

votre vote a autant de poids que celui du plus riche propriétaire du pays. Pensez que devant la loi, le noble et le roturier sont égaux, que là est l'égalité vraie. Dites-vous que le peu d'efforts que vous ferez pour vous instruire et vous améliorer profiteront doublement et à vous qui deviendrez meilleur et au pays, avec lequel vous êtes identifié, et qui s'accroîtra rapidement en force et en solidité lorsque tous ses enfants seront unis.

Représentez-vous comme modèle du républicain, l'homme vertueux, charitable et travailleur. Devenez digne de vous-même, en vous proposant de devenir un modèle pour les autres.

Ayez conscience de votre valeur et ne vous laissez point influencer par ceux qui ont intérêt à ce que vous restiez dans l'ignorance.

Propagez partout cette vérité, que le gouvernement de l'ordre, de la paix, de la prospérité, c'est la République, car avec la République, point de compétitions, point de coups d'état, point de princes qui se disputent le trône, point de guerres follement déclarées, point de gaspillage dans le trésor public, point de dotations, point de cour, point de partis. Il n'y en aura plus qu'un seul, celui des honnêtes gens.

Mais il y aura encore beaucoup à faire, car les nombreux ennemis de la République, ne pouvant pas l'abattre en face, chercheront à la miner, à la circonvenir, et ce n'est qu'avec beaucoup de sagesse et de prudence que les républicains pourront consolider leur forme de gouvernement.

Le bon exemple, voilà la meilleure arme dont on devra se servir.

Nos ennemis attribuent toujours tout ce ce qui est mal ou défectueux aux républicains, ils les représentent capables de tous les excès, prêts à se porter à toutes les extrémités, à incendier, à piller, à détruire, incapables d'œuvre sérieure, ineptes à poursuivre un but, à rassembler leurs idées : ils en font les amis du désordre et de l'oisiveté, les ennemis du travail et de la propriété.

C'est à nous, au contraire, qu'il appartient de leur prouver par nos actes — que les républicains sont des gens sérieux, capables de posséder et d'acquérir, capables de persévérance et de travail, capables surtout de construire et de fonder, — et la meilleure preuve que nous leur donnerons, c'est en fondant la République — d'une manière durable et solide — en la rendant assez forte pour résister à toutes leurs manœuvres, à toutes leurs attaques.

Ils accusent les républicains d'athéïsme et d'impiété, nous leurs prouverons que plus qu'eux nous avons la foi—la foi qui forme les grands caractères et fait les grandes choses.

Cette foi, nous la puisons dans notre qualité de citoyen, qui a fait de nous quelque chose, qui nous a rendu notre dignité d'homme, et nous a rendus solidaires les uns des autres.

Nous ne sommes plus des sujets, — comme sous la monarchie, tous égaux, jouissant des mêmes droits devant la loi, nous pouvons nous mouvoir plus librement, nous ne sommes plus les féaux de monsieur le comte ou de monsieur le marquis, — et si nos institutions pêchent encore de bien des côtés, si nos mœurs sont encore imprégnées de cet esprit de servitude et d'infériorité. Si nos lois conservent encore des textes peu en harmonie avec les principes républicains ; vous verrez, messieurs nos ennemis, avec quelle persévérance nous nous efforcerons d'améliorer nos mœurs, de réviser nos lois, avec quelle prudence nous agirons pour ne pas compromettre ce bien, le plus précieux des biens, la liberté.

Avec quelle attention nous chercherons à discerner, parmi les candidats à la Représentation Nationale, ceux qui seront véritablement dignes d'être investis de notre mandat.

Avec quel soin nous écarterons les rhéteurs de toute espèce, les charlatans et les intrigants, — pour ne choisir que des bons citoyens, qui nous feront une République solide, citoyens éclairés, qui nous créeront une vraie

République dirigée par des vrais Républicains.

Les conssils d'élection sont, dans l'espèce, — le premier acheminement à cette République de nos vœux, — ce sont eux qui vous empêcheront de nous circonvenir, et d'introduire à l'Assemblée des monarchistes déguisés, qui, le jour où ils seraient en force, substitueraient la Royauté à la République, nous remettraient les menottes, et nous ramèneraient au servage et au droit divin.

Ce sont eux encore, qui nous feront écarter les incapables et les écervelés qui pourraient compromettre la Nation et l'avenir de la République.

Avec les conseils d'élections, nous ferons des républicains, nous élèverons le niveau politique de la nation, nous en ferons une nation éclairée, consciente dans sa force et dont le prestige sera d'autant plus grand, qu'elle sera plus vitale, et qu'elle ne sera plus ce qu'elle était devenue dans les derniéres années de l'empire, un peuple qui, par sa longue négligence des choses publiques, et l'amour du bien-être personnel, avait presque perdu l'amour de la patrie et restait hébété devant le danger, comme un troupeau de moutons qui a perdu son conducteur.

Montargis. — Imp. Grimont.

ON TROUVE AUX MÊMES LIBRAIRIES :

Catéchisme du Bon Républicain, par E. BOURSIN, brochure in-18. 20 c.

Nouveaux impôts. — *Lois et décrets sur les nouveaux impôts,* accompagnés de *notes explicatives* qui en précisent le sens et en facilitent l'application, par OSCAR DEJEAN, ancien magistrat, 3ᵉ édition, un vol. in-12. 1 fr.

Napoléon IV, chronique de l'avenir, pastiche de littérature bonapartiste. par MATHIEU (de Boulogne); 2ᵉ édition, 1 vol. in-12. 1 fr.

Les conditions de la certitude morale et politique, par Louis OLLIVIER, bâtonnier des avocats de Guingamp; 2ᵉ édition, 1 vol. in-12. 1 fr.

Les deux Messies, *ou le frère aîné du Christ. — La Société antique et la Société moderne,* par le comte GASTON DE SAHUZAC; broch. in-8º. 1 fr.

Six exécutions prussiennes racontées par un maire de campagne du département de l'Aisne, broch. in-12. 50 c.

Etude sur l'armée nouvelle, par un OFFICIER D'INFANTERIE ; 1 vol. in-8º. 1 fr.

Œuvres de J.-P. Marat (l'ami du peuple), recueillies et annotées, par A. VERMOREL, membre de la commune de Paris en 1871, un beau vol. in-18 jésus. 3 fr. 50.

Histoire de la Misère ou le Prolétariat à travers les âges, par Jules LERMINA. 3 fr. 50.

Le Confessionnal, par Emile FAURE et Thomas PUECH. 2ᵉ édition. 3 fr. 50.

Les Ruines ou Méditations sur les Révolutions des Empires, suivies de la **Loi Naturelle.** par VOLNEY, précédées d'une Notice sur la vie et les Œuvres de Volney, par Jules CLARETIE. 3 fr. 50.

Les hommes de 1851, histoire de la Présidence et du rétablissement de l'Empire. par A. VERMOREL, membre de la commune de Paris en 1871, 3ᵉ édit. 1 vol. in-18. 3 fr. 50.

Le Coup d'État du 2 décembre 1851; Historique des événements qui ont précédé le coup d'Etat. — Physionomie de Paris. — Arrestations et barricades. — Faits qui ont suivi la chute de la République. — Pièces et documents officiels. — Par l'auteur du *Dictionnaire de la Révolution française.* 7ᵉ édition. 1 vol. in-18 jésus de 224 pages. 1 fr. 50.

Propagande Républicaine

EN VENTE :